COUVERTURE SUPÉRIEURE ET INTÉRIEURE
EN COULEUR

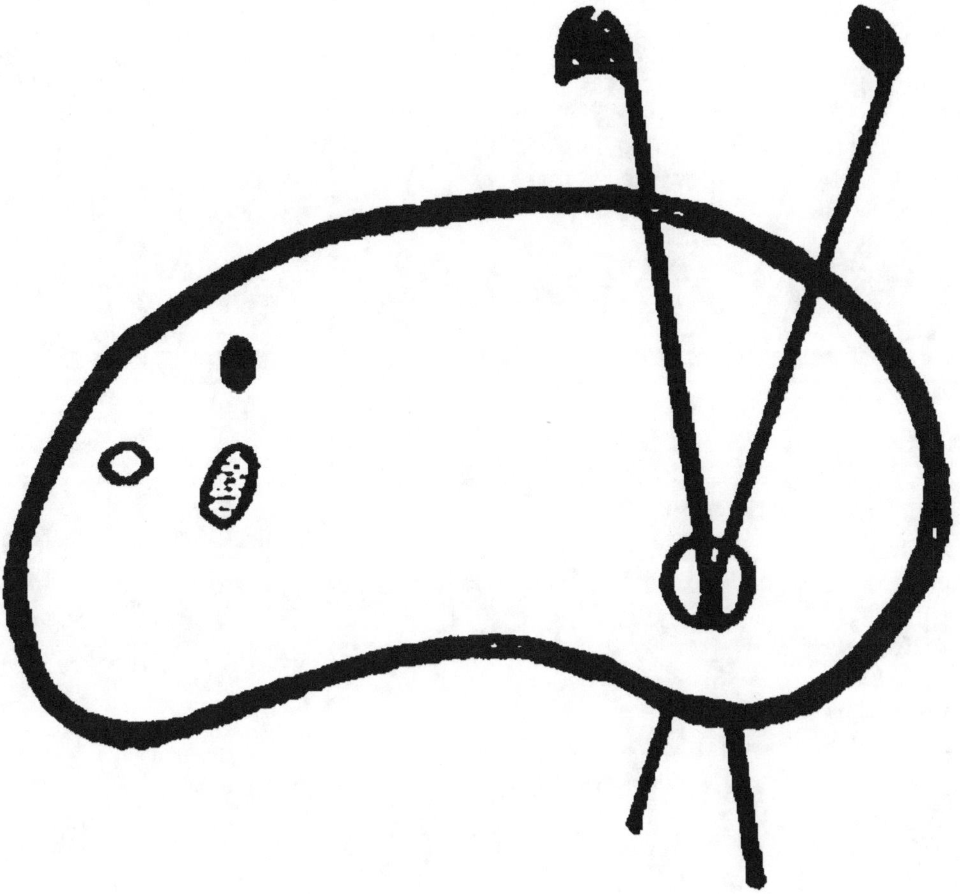

CONFÉRENCE DE LA PAIX

QUESTIONS A RÉSOUDRE

soumises par la Chine

à la Conférence de la Paix

PARIS, Avril 1919

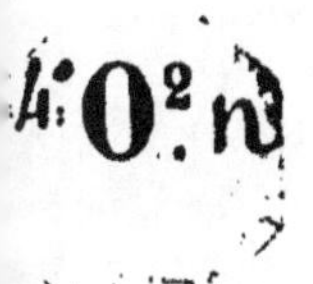

DÉLÉGATION CHINOISE

CONFÉRENCE DE LA PAIX

QUESTIONS A RÉSOUDRE

soumises par la Chine

à la Conférence de la Paix

PARIS, Avril 1919

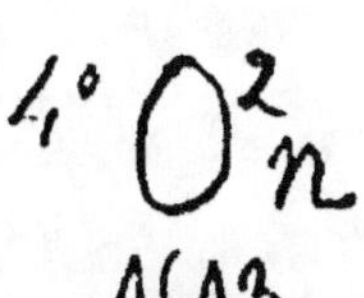

TABLE DES MATIÈRES

APPENDICES

* Les appendices marqués d'un astérisque sont en annexes séparées.

QUESTIONS A RÉSOUDRE

SOUMISES PAR LA CHINE A LA CONFÉRENCE DE LA PAIX

INTRODUCTION

Depuis le commencement du siècle, et en particulier depuis la révolution de 1911 qui a substitué à l'ancienne autocratie impériale un régime républicain, la Chine a réalisé des progrès marqués dans l'ordre politique comme dans l'ordre administratif et économique.

Son libre développement est toutefois retardé par un certain nombre d'entraves de caractère international. De ces entraves, les unes sont des legs du passé, conséquences d'un état de choses qui a cessé d'exister. Les autres résultent d'abus récents que l'on ne peut justifier ni en équité ni en droit. Leur maintien perpétuerait des causes de difficultés, de frictions, de discordes. Au moment où la Conférence de la Paix cherche à fonder l'édifice d'un monde nouveau sur les principes de justice, d'égalité et de respect de la souveraineté des nations tels qu'ils ont été exprimés dans les quatorze points du Président Wilson et acceptés par les puissances alliées et associées, son œuvre resterait incomplète si elle laissait subsister en Extrême-Orient des germes de conflits futurs.

La Délégation Chinoise a l'honneur, en conséquence, de lui soumettre le présent mémoire qui traite des divers points où des solutions nouvelles doivent intervenir si l'on veut, par application des principes d'intégrité territoriale, d'indépendance politique et d'autonomie économique, délivrer la Chine des entraves qui s'opposent encore à son libre développement.

RENONCIATION
AUX SPHÈRES D'INFLUENCE OU D'INTÉRÊT

Le Gouvernement Chinois, dans son désir de hâter le développement économique de la Chine, aurait voulu que toutes les nations puissent profiter également des facilités que le pays, avec sa population nombreuse et ses vastes ressources, offrait au commerce et au placement des capitaux. Ses intentions libérales se sont heurtées à l'obstacle des « *sphères d'influence ou d'intérêt* » que revendiquent en Chine certaines puissances. Ces revendications semblent se baser sur l'idée que dans les limites de la sphère d'influence, la puissance qui la réclame devrait posséder des avantages territoriaux spéciaux ou des droits ou privilèges de commerce et de placement préférentiels ou exclusifs

Ce fut l'Allemagne qui, la première, revendiqua une sphère d'influence s'étendant sur la province du Shantung. Plus tard, d'autres puissances, désireuses apparemment de maintenir le principe d'équilibre en Extrême-Orient, formulèrent des revendications similaires pour d'autres parties du territoire chinois.

Les revendications des puissances étrangères tendant à l'établissement de sphères d'influence sont basées soit sur des accords passés entre elles et auxquels la Chine n'a pas participé, soit sur des traités ou accords faits avec la Chine dans des conditions excluant la liberté de consentement de cette dernière. Parmi ceux de la première catégorie on peut citer l'accord du 2 septembre 1898, relatif à la construction de chemins de fer, conclu entre les syndicats de banques britanniques et allemands, et la Convention anglo-russe du 28 avril 1899, concernant les intérêts respectifs de chemins de fer de l'Angleterre et de la Russie en Chine ; dans la seconde, rentrent entre autres ce qu'on appelle les pactes de non-aliénation conclus pendant la période dite de *la lutte pour les concessions*, en particulier la Convention du 6 mars 1898 avec l'Allemagne concernant la cession à bail de Kiaochow et les traités et les notes du 25 mai 1915, signés avec le Japon à la suite des Vingt et une demandes qu'il avait adressées à la Chine.

La revendication de sphères d'influence est injustifiable pour plusieurs raisons. En premier lieu, plutôt que de le favoriser elle entrave le développement économique de la Chine. Elle semble n'être conçue que pour servir uniquement les intérêts de la puissance en faveur de laquelle la revendication est faite. Elle considère telle province ou telles provinces comme réservées à l'exploitation exclusive des ressortissants de ces puissances, sans aucune considération pour les besoins du peuple chinois. Elle restreint l'afflux naturel des capitaux disponibles, dénie la liberté du choix dans l'achat du matériel et dans l'emploi d'experts techniques et cherche à entraver le jeu de la loi de l'offre et de la demande. On pourrait citer des cas où telle nation, incapable de fournir elle-même, dans une région qu'elle considérait comme sa sphère d'influence, le capital et les hommes compétents nécessaires à l'exécution d'une entreprise déterminée, se refusait cependant à laisser financer ou poursuivre l'entreprise par d'autres nations en mesure de fournir l'argent aussi bien que les techniciens.

Cette politique porte aussi préjudice aux intérêts communs des autres nations en violant le principe du traitement égal pour le commerce et l'industrie de tous les Etats. Au lieu de partager sur un pied d'égalité avec les autres puissances les avantages et les risques, la puissance qui revendique une sphère d'influence sur une région déterminée et qui y jouit de droits et de privilèges exclusifs ou préférentiels, soit pour la construction de chemins de fer, soit pour exploiter des mines et financer d'autres entreprises industrielles, s'y attribue la prépondérance et réunit graduellement entre ses mains tous les éléments de domination économique sur la région.

Enfin, inconvénient plus grave encore, toute revendication de sphère d'influence par une nation incite les autres nations à formuler des revendications analogues pour d'autres parties du territoire chinois. Si les Etats étrangers persistent dans ces revendications, le résultat final sera non pas un développement économique unifié et coordonné de la Chine tout entière, mais plutôt la création d'une quantité d'aires économiques rivales, menaçant l'intégrité territoriale et l'indépendance politique de la République et provoquant des jalousies et des frictions internationales susceptibles de compromettre la paix de l'Extrême-Orient. L'intérêt véritable du monde ainsi que le bien-être national de la Chine paraissent donc exiger que les puissances intéressées renoncent à leurs revendications de sphères d'influence en Chine, sphères qui constituent de véritables *barrières économiques* à l'application du principe universellement reconnu du traitement égal pour le commerce et l'industrie de toutes les nations et qui tendent à alimenter *l'antagonisme économique*, la forme de rivalité la plus capable d'engendrer la discorde internationale.

En vue des considérations précédentes le Gouvernement Chinois espère que les puissances intéressées, prenant sincèrement en considération les droits souverains de la Chine et les intérêts communs de toutes les nations qui ont avec elle des relations commerciales, déclareront qu'elles n'ont aucune « sphère d'influence ou d'intérêts » dans la République de Chine, qu'elles n'ont l'intention d'en revendiquer aucune, et qu'elles sont prêtes à entreprendre la revision de tels traités, accords, notes ou contrats antérieurement conclus, qui peuvent leur avoir conféré ou qui peuvent être interprétés comme leur ayant conféré des avantages territoriaux réservés ou des concessions, droits ou privilèges préférentiels ou exclusifs, tendant à créer des sphères d'influence ou d'intérêts au préjudice des droits souverains de la Chine.

RETRAIT DES TROUPES
ET DES FORCES DE POLICE ÉTRANGÈRES

Le Gouvernement Chinois est de plus en plus préoccupé de la présence sur le sol de la Chine — en dehors des territoires cédés à bail et des concessions municipales étrangères qui font l'objet des chapitres 5 et 6 du présent mémoire — de troupes et de forces de police de nationalité étrangère.

Pour exposer clairement la situation, il convient de traiter la question sous deux rubriques distinctes, l'une relative aux troupes, l'autre aux forces de police.

I. TROUPES ÉTRANGÈRES EN CHINE.

A. — ORIGINE DE LEUR PRÉSENCE.

Ces troupes se divisent en deux catégories : 1° celles qui se trouvent en Chine en vertu d'une disposition conventionnelle et 2° celles dont la présence est irrégulière.

1° Dans la note du 22 décembre 1900 par laquelle elles notifiaient au Gouvernement Chinois *les conditions de paix qui étaient la conséquence du soulèvement des Boxers*, les puissances étrangères demandaient *le droit pour chaque puissance d'entretenir une garde permanente dans le quartier (1) pour la défense de sa légation.* Ce droit fut concédé par la réponse de la Chine du 16 janvier 1901 et confirmé par le protocole final du 7 septembre 1901. Le même document accordait aux puissances signataires *le droit d'occuper certains points, à déterminer par un accord entre elles, pour maintenir les communications libres entre la capitale et la mer.* On désigna à cet effet un certain nombre de points le long du chemin de fer de Pékin à Mukden. Toutes les puissances signataires du protocole de 1901, sauf l'Espagne, ont stationné des troupes dans une ou plusieurs de ces localités. Ces puissances sont : l'Allemagne, l'Autriche-Hongrie, la Belgique, les Etats-Unis, la France, la Grande-Bretagne, la Hollande, l'Italie, le Japon et la Russie. L'effectif total de ces troupes étrangères s'est maintenu aux environs de 9.000 hommes. Les détachements de certaines puissances ont été retirés au début de la guerre de 1914 ; les troupes allemandes et autrichiennes ont été internées par la Chine lors de sa rupture diplomatique avec les Puissances Centrales ; mais celles des autres puissances demeurent encore.

(1) Des légations.

2º D'autres troupes étrangères sont aussi stationnées dans quelques autres localités de Chine, mais à la différence des gardes des légations et des troupes échelonnées le long du chemin de fer Pékin-Mukden, leur présence sur le sol chinois n'est autorisée par aucun traité, et ne s'est maintenue qu'à l'encontre des protestations répétées du Gouvernement Chinois.

a) Troupes japonaises et russes de Mandchourie. — Tandis que l'accord relatif au chemin de fer de l'Est chinois, passé en 1896 entre la Chine et la Banque Russo-Chinoise stipulait, en son article 5, que le Gouvernement Chinois *prendrait des mesures pour la protection de la ligne et des personnes qui y sont employées,* le Gouvernement Russe dans la Charte de la Compagnie du chemin de fer de l'Est chinois déclarait que *le respect de la loi et le maintien de l'ordre sur les terrains affectés au chemin de fer et à ses dépendances seraient confiés aux agents de police commissionnés par la Compagnie,* et que *la Compagnie rédigerait et établirait des règlements de police à cet effet.* En vertu de ces stipulations, la Compagnie organisa un corps de gardes du chemin de fer. Ultérieurement, comme la ligne était en voie de construction, la Russie envoya des troupes en Mandchourie, sous prétexte de la protéger. La révolte des Boxers dans la Chine du Nord lui donna l'occasion d'accroître ses forces militaires en Mandchourie. Ses troupes occupèrent Newchuang, Mukden et tous les points importants le long du chemin de fer de l'Est chinois. Bien que par son accord du 8 avril 1902 avec la Chine, la Russie se fut engagée à retirer complètement toutes ses troupes dans un délai déterminé, elle refusa d'exécuter entièrement son engagement. Bien au contraire, ses troupes occupèrent les ports de l'embouchure de la rivière Liao et les villes de Fenghwangcheng et d'Antung. Survinrent les négociations infructueuses entre la Russie et le Japon, suivies à leur tour de la guerre russo-japonaise, dont les opérations se déroulèrent sur le sol de la Mandchourie.

Par le traité de Portsmouth qui termina la guerre, la Russie transférait au Japon le chemin de fer de Port-Arthur à Changchun.

Par l'article III du traité, le Japon et la Russie s'étaient engagés l'un et l'autre à évacuer complètement et simultanément la Mandchourie, à l'exception du territoire cédé à bail de la Péninsule du Liaotung, mais les parties contractantes, dans un article additionnel, se réservèrent *le droit de maintenir des gardes pour assurer la protection de leurs voies ferrées respectives en Mandchourie, le nombre de ces gardes ne devant pas dépasser quinze par kilomètre ; et les commandants des armées japonaise et russe devant, en se basant sur ce chiffre maximum, déterminer d'un commun accord l'effectif qui serait employé, effectif que l'on réduirait au chiffre le plus bas compatible avec les besoins de la cause.* C'est ainsi que les troupes et gardes japonaises vinrent à être stationnées le long de la ligne aujourd'hui dénommée chemin de fer de la Mandchourie Méridionale.

Par son accord du 22 décembre 1905 avec le Gouvernement Japonais, la Chine a ratifié le transfert de la Russie au Japon des droits de bail, des privilèges de chemins de fer et des concessions minières dont jouissait la Russie avant la guerre russo-japonaise, mais elle n'a pas donné son assentiment aux stipulations de l'article additionnel relatif au stationnement des gardes de chemins de fer.

Au contraire, par l'article 2 de cet accord, elle a exprimé son vif désir *de voir retirer les troupes et gardes du chemin de fer russes et japonais en Mandchourie aussitôt que possible*, et le Gouvernement Japonais consentit, « *au cas où la Russie accepterait de retirer ses gardes de chemins de fer ainsi que dans le cas où d'autres mesures appropriées seraient convenues d'un commun accord entre la Chine et la Russie, à prendre des mesures analogues.* » Cependant, les gardes de chemins de fer n'ont pas été retirés. Alors que les troupes chinoises, depuis que des troubles politiques se sont produits en Russie, ont remplacé les gardes russes pour la protection du chemin de fer de l'Est chinois et de la ligne de Harbin et Changchun, les gardes japonais le long du chemin de fer de la Mandchourie Méridionale et de la ligne Antung-Mukden sont encore en service.

b) Depuis 1909 le Gouvernement Japonais a détaché des troupes auprès de ses consulats dans des localités telles que Liutowkow et Yenki dans la province de Fengtien. À partir de 1911, les Russes, suivant le précédent japonais, ont placé eux aussi des gardes militaires auprès de leurs consulats dans des villes telles que Kirin et Yenki.

c) Au début de la révolution chinoise, en automne 1911, le Japon dépêcha à Hankow, à 800 milles en amont de l'embouchure du Yangtze, un bataillon d'environ 600 hommes en alléguant la nécessité de protéger les résidents japonais de cette ville. Malgré les démarches répétées du Gouvernement Chinois, ces troupes sont encore là. Elles sont pourvues d'une compagnie de mitrailleurs et sont cantonnées dans des casernes construites à leur intention depuis leur arrivée et munies d'une station de télégraphie sans fil.

d) Il y a aussi des troupes japonaises à Liaoyuan sur la frontière de la Mongolie Intérieure. Elles y furent envoyées tout d'abord en 1914. Au mois d'août de cette année un détachement de police chinoise luttait contre des brigands à Changtu, fort loin dans l'intérieur de la Mandchourie. Une compagnie de troupes japonaises vint à passer près de cet endroit, et croyant par méprise que la police chinoise tirait sur eux, ouvrit le feu, tuant trois agents de police et un passant et blessant dix autres personnes. Deux Japonais furent aussi blessés, mais on n'a pu établir si ces blessures avaient été infligées par la police ou par les brigands. Ayant appris cet incident, le Consul japonais expédia des troupes à Liaoyuan. Bien que l'incident fût considéré comme clos à la suite de la réparation accordée par la Chine — savoir, la punition des agents, la

réprimande des officiers de police et l'octroi d'une indemnité de $ 12.000 —
les troupes japonaises n'ont pas encore été retirées.

e) En 1914, peu après le début des hostilités en Europe, le Japon déclara
la guerre à l'Allemagne et procéda à l'attaque de Tsingtao. A cet effet, il
débarqua des troupes à Lungkow, à 150 milles au nord de son objectif. Ces
forces japonaises, prétextant des nécessités militaires, saisirent le chemin de
fer de Tsingtao dans toute sa longueur jusqu'à Chinanfu, au cœur de la province, occupèrent sur la ligne toutes les stations importantes et forcèrent les
troupes chinoises à en évacuer les abords. Bien que les opérations militaires
aient complètement cessé en novembre 1914, et que Tsingtao ait été rouvert
au commerce le 1er janvier 1915, les troupes japonaises sont demeurées dans
la province en dépit des protestations du Gouvernement Chinois. Environ
2.200 Japonais sont stationnés le long du chemin de fer.

f) En 1896, la Grande-Bretagne avait établi à Kachgar, dans la province
de Sinkiang, une agence postale avec plusieurs courriers pour assurer le service
des dépêches entre cette ville et les Indes. Cinq ans après, les Russes établirent
aussi dans la même ville une agence postale protégée par une dizaine de gardes
à cheval. Depuis 1900, l'effectif des troupes russes a été porté à 150 hommes.
En 1918, les Anglais ont expédié dans la même ville 30 soldats hindous, des-
tinés, déclaraient-ils, à protéger le Consulat britannique.

B. — Raisons qui militent en faveur du retrait des Troupes Etrangères.

1° *a)* Pour ce qui est des troupes étrangères maintenues en Chine en
vertu du protocole de 1901, le Gouvernement Chinois estime que leur présence
n'est plus nécessaire. Ce protocole fut la conséquence de la révolte des Boxers
et les stipulations sur le stationnement des troupes furent inspirées par les
conditions qui peu de temps auparavant, prévalaient encore dans la Chine du
Nord. Aujourd'hui, ces conditions n'existent plus. Au cours de ces dernières
années et même en temps de troubles intérieurs, les Chinois ont marqué pour
la vie et les biens des étrangers un respect frappant et qui défie toute critique.

b) La présence des gardes des légations et de troupes étrangères entre la
capitale et la mer blesse également le sentiment de fierté du peuple chinois, en
ce sens qu'elle est une dérogation permanente à la souveraineté de la Chine.
La même considération s'applique à l'existence du quartier spécial occupé par
les légations étrangères, lequel est *« considéré comme un quartier spécialement
réservé à leur usage et placé sous leur police exclusive, où les Chinois n'auront
pas le droit de résider, et qui pourra être mis en état de défense »*. Cette organisation n'a de parallèle dans aucune autre capitale du monde.

c) La présence de ces garnisons étrangères engendre des incidents qui
troublent la paix et le bon ordre des localités dans lesquelles elles sont maintenues. Il n'est pas rare que les troupes d'une puissance se querellent avec celles

d'une autre puissance. Pareils incidents, bien que leur nature ne soit pas toujours grave, ont souvent inquiété les autorités chinoises.

2° Les observations précédentes s'appliquent aussi bien aux troupes étrangères qui sont stationnées sur territoire chinois sans justification légale qu'aux autres. Mais en ce qui concerne les premières, d'autres raisons encore poussent à en hâter le retrait.

a) La présence des troupes étrangères sur territoire chinois risque de compromettre les relations amicales entre les puissances étrangères elles-mêmes. Rappelons, par exemple, que la présence et l'accumulation continuelle de troupes russes sur la frontière mongole et en Mandchourie en 1900, n'avait pas tardé à détacher le Japon de la Russie et ce fut le refus de celle-ci de retirer ses garnisons de Mandchourie qui amena la guerre russo-japonaise.

b) Cette présence nuit aussi à la cordialité des relations entre la Chine et les puissances qui stationnent des troupes sur son territoire. Nous en avons pour preuve nombre d'incidents malheureux qui se sont produits entre troupes japonaises en Chine et population chinoise, incidents dont nous ne citerons ici que quelques-uns.

C'est, tout d'abord, en 1913, le cas du colonel Nesimori des troupes japonaises de Hankow, qui tenta d'entrer de force dans le quartier général de la deuxième division de l'armée chinoise, établi dans la même ville, et qui, prié par une sentinelle de se retirer, la blessa grièvement d'un coup d'épée, incident qui émut beaucoup les milieux militaires chinois.

Une affaire plus sérieuse se produisit en septembre 1913, à Changli, dans la province du Chihli, où un contingent de 40 soldats japonais sous le commandement d'un officier attaqua un poste de police chinois, afin d'arrêter un policier qui avait essayé d'empêcher certains soldats japonais de voler des poires à un colporteur chinois. L'officier blessa le capitaine de la police chinoise, et ses 40 hommes tirèrent trois salves de coups de fusil qui tuèrent quatre agents chinois. L'incident souleva tant d'émotion parmi la population chinoise que le Gouvernement Chinois se vit obligé de prendre des mesures de précaution afin d'empêcher les habitants de se faire justice.

A Chanchun (province de Kirin), en septembre 1913, un contingent de plus de 100 soldats japonais se dirigea sur les postes centraux des 3e et 4e districts de police pour chercher et arrêter des agents chinois sous le prétexte que la police chinoise était intervenue alors qu'un sujet japonais attaquait un colporteur chinois.

En août 1916, une rixe se produisit à Chengchiatung (Mongolie Intérieure Orientale) entre des troupes chinoises et japonaises, au cours de laquelle 4 soldats chinois et 12 soldats japonais furent tués et d'autres blessés. Le Japon saisit cette occasion pour présenter au Gouvernement Chinois une série de demandes dont quelques-unes portaient une grave atteinte aux droits souverains de la

Chine. Les relations amicales entre la Chine et le Japon en furent pendant cinq mois fort affectées.

De même, le stationnement de troupes japonaises à l'intérieur de la province de Shantung a provoqué de fréquents conflits avec la population chinoise et a motivé de sérieux ressentiments. En fait, ce fut cette présence illégale dans la province qui amena le Gouvernement Chinois à élever une protestation dont le Gouvernement Japonais prit à son tour prétexte pour présenter en janvier 1915 les célèbres Vingt et une demandes, au détriment des relations amicales des deux pays.

Pour les raisons que nous venons d'exposer, le Gouvernement Chinois demande avec instance :

1° Que toutes les troupes étrangères dont la présence sur le territoire chinois est sans justification légale, soient retirées immédiatement ;

2° Que les articles VII et IX du protocole du 7 septembre 1901 soient abrogés, et que les gardes des légations et les troupes étrangères stationnées en vertu de ces stipulations soient complètement retirées dans le délai d'un an à dater de la déclaration que la Conférence aura faite à cet effet.

II. LA POLICE ÉTRANGÈRE

Depuis 1905, malgré les protestations réitérées des autorités chinoises, le Gouvernement Japonais a établi et graduellement étendu un réseau de postes de police en Mandchourie. Le nombre de ces postes, ainsi qu'il a été rapporté en 1917 par les autorités locales de Fengtien et de Kirin, a atteint le chiffre de 27.

Il convient de rappeler ici que, si des organisations de police étrangères ont été établies dans certaines concessions municipales étrangères de Chine en vertu de traités ou de « règlements fonciers » approuvés par le Gouvernement Chinois, aucun privilège de même nature n'a été accordé à aucune puissance étrangère dans le reste du territoire chinois. L'établissement de postes de police japonais en Mandchourie ne se justifie d'aucune manière.

Le Gouvernement Japonais, en plusieurs occasions, a cherché à obtenir du Gouvernement Chinois le privilège de stationner des officiers de police japonais dans la Mandchourie Méridionale et dans la Mongolie Intérieure Orientale, surtout au moment de l'affaire de Chengchiatung en août 1916. Afin de régler cette affaire, il a demandé, entre autres, que la Chine *consentît au stationnement d'officiers de police japonais dans des localités de la Mandchourie Méridionale et de la Mongolie Intérieure Orientale où leur présence était considérée comme nécessaire pour la protection des sujets japonais et qu'elle consentît aussi à l'emploi d'officiers de police japonais par les autorités de la Mandchourie Méridionale.*

Le Gouvernement Japonais motiva plus tard cette demande par la nécessité où il se serait trouvé de détacher dans ces régions des officiers de police japonais pour surveiller et protéger ses propres sujets, et par le fait que plusieurs de ces officiers avaient déjà été envoyés à l'intérieur de la Mandchourie Méridionale et avaient été reconnus par les autorités locales de la région, puisque des rapports avaient été noués avec eux, ajoutant que d'ailleurs ce privilège n'était qu'*un corollaire du droit d'exterritorialité.*

À ces allégations, le Gouvernement Chinois répondit que, du moment où il existait déjà des stipulations conventionnelles relatives à la protection et à la surveillance des sujets japonais, il n'y avait aucune nécessité de détacher des officiers de police japonais ; que la question de la police ne pouvait être liée à celle de l'exterritorialité et ne saurait en être considérée comme le corollaire ; que semblable prétention n'avait jamais été émise depuis la conclusion des traités d'exterritorialité, que, pour ce qui était des postes de police japonais déjà établis, le Gouvernement avait, comme les autorités locales, maintes fois élevé des protestations et refusé son assentiment, et qu'il désirait protester à nouveau et demander encore le retrait de ces postes.

Le Gouvernement Chinois maintient son point de vue en ce qui concerne les postes de police japonais en Mandchourie et insiste pour qu'ils soient retirés sans délai, comme les troupes et gardes militaires étrangers qui sont stationnés actuellement en Chine sans justification légale.

RETRAIT DES BUREAUX DE POSTE ÉTRANGERS ET DES STATIONS RADIOTÉLÉGRAPHIQUES ET TÉLÉGRAPHIQUES ÉTRANGÈRES

Les postes étrangères ont commencé à ouvrir des bureaux et des agences dans les principaux ports à traité de la Chine vers 1860. L'ouverture de ces bureaux n'était basée sur aucune stipulation ou concession conventionnelle et leur existence ainsi que leur extension graduelle ultérieure a été seulement tolérée par le Gouvernement Chinois.

Vers la même époque, un service régulier pour le transport des courriers fut établi par la Chine sur le modèle européen et rattaché à l'administration des douanes. Il fonctionnait surtout entre les nombreux ports de la côte chinoise et sur une grande partie du cours du Yangtze. Il améliora d'année en année son mécanisme, et fut enfin, en 1896, érigé par Décret Impérial en Service Gouvernemental séparé, avec un personnel de commissaires et d'employés qui lui était exclusivement affecté et qui était tout à fait distinct du personnel des douanes.

Le lien existant entre le Service Postal et les Douanes fut maintenu jusqu'en 1911, époque à laquelle la poste fut entièrement détachée, et placée sous le contrôle direct du ministère des Communications.

La Chine avait été invitée dès 1878 à adhérer à l'Union Postale, mais elle ne voulut y entrer que lorsqu'elle se sentit en possession d'une organisation assez complète ; ce ne fut qu'en 1914 qu'elle se rendit à l'invitation. Depuis le mois de septembre de ladite année, le service postal chinois, placé dans la première classe et contribuant aux dépenses générales autant que tout autre participant, s'est acquitté avec succès de ses obligations de membre de l'Union Postale Universelle.

Quand, en 1911, le Service Postal a été transféré des douanes au ministère des Communications, il étendait déjà son réseau sur toute la Chine, jusque dans les régions de la Mongolie, aussi loin que Kashgar et les frontières de la Russie. Le nombre des bureaux et agences s'élevait alors à 6.201. Il a atteint 9.103 en 1917.

Les parcours postaux (y compris les faibles portions sur lesquelles on peut utiliser les chemins de fer, les bateaux à vapeur et les embarcations fluviales) s'étendaient à la fin de 1917 sur plus de 520.000 *li* (c'est-à-dire environ 260.000 kilomètres), leur longueur totale s'étant accrue, depuis 1914, de 34.000 *li*.

Les transports ont progressé avec la même rapidité. En 1917, le nombre des envois par poste s'est élevé au total de 965.748.371 contre 692,182.200 en 1914 et 421.000.000 en 1911.

Le service des colis postaux, très apprécié du public, a transmis en 1917, 11.465.061 colis, d'une valeur déclarée de $ 136.137.200 et d'un poids de 39.797.271 kilos, c'est-à-dire, approximativement, de 40.000 tonnes.

Un service d'envois recommandés a été établi ainsi qu'un système de lettres et d'envois chargés. On accepte aussi des colis contre paiement au lieu de destination, c'est-à-dire des colis *en port dû* ou des colis *livrables contre remboursement.*

Le service des mandats postaux, qu'on utilise beaucoup, fonctionne aussi depuis un certain nombre d'années.

On a délivré en 1917 1.030.000 mandats représentant une valeur totale de $ 21.523.000. Il faut noter l'emploi de ce Service de mandats postaux par les Gouvernements britannique et français pour le paiement des allocations mensuelles aux familles des dizaines de milliers de travailleurs qui sont venus servir dans les corps d'ouvriers en France et en Flandre. Le montant des mandats délivrés au seul bureau d'émigration britannique de Weihaiwei s'éleva, pour les neuf derniers mois de 1917, à plus de $ 1.000.000. C'est un fait significatif que, dans le maniement de ces mandats postaux adressés à plus de 25.000 familles résidant pour la plupart dans des endroits éloignés du Chihli et du Shantung, pas un mandat n'a été égaré durant la transmission.

A ses débuts, le budget des Postes se soldait en déficit. Mais depuis quelques années le Service se suffit à lui-même ainsi que le démontrent les chiffres suivants relatifs à l'exercice 1917 :

Recettes : $ 8.546.000. Dépenses : $ 7.124.000, soit un excédent de $ 1.422.000 pouvant être affecté à l'amélioration et à l'extension du service.

Il est à noter aussi, que pendant la révolution il n'y a eu que fort peu d'interruptions du Service postal en Chine, même dans les parties les plus éloignées du pays.

Le fonctionnement d'une organisation aussi étendue que celle que nous venons de décrire, exige un personnel nombreux. A la fin de décembre 1917 le personnel étranger, quoique réduit de beaucoup par suite de la guerre, s'élevait à plus de cent personnes : commissaires, commissaires délégués, adjoints et agents de postes de différentes nationalités amies. A la même date, le total du personnel chinois de tous rangs s'élevait à 25.867. Ajoutons qu'il n'est pas dans l'intention du Gouvernement Chinois de se passer du concours d'étrangers dans son Service postal tant que leur assistance sera considérée comme nécessaire ou désirable.

Cette esquisse de l'histoire du Service postal chinois depuis ses modestes débuts d'il y a plus de cinquante ans, montre comment l'institution s'est développée, comment elle a atteint ses proportions actuelles, comment elle a complété tous ses rouages, comment enfin elle remplit ses fonctions avec une efficacité parfaite, faisant déjà depuis plus de cinq ans, partie de l'Union Postale Universelle comme membre pleinement organisé.

Ayant ainsi établi qu'il est parfaitement à même d'assurer d'une manière satisfaisante pour tous, le fonctionnement des diverses branches d'un service postal, le Gouvernement Chinois estime que le moment est venu où, de même que dans tout Etat indépendant, son propre Service postal devrait être le seul à opérer dans tout le pays. En conséquence, il demande à la Conférence de la Paix de décider le retrait de Chine de tous les bureaux de postes étrangers à partir du 1er janvier 1921 au plus tard, ce qui donne aux services étrangers assez de temps pour procéder à leur liquidation.

A ce propos, le Gouvernement Chinois demande aussi qu'aucune installation étrangère radiotélégraphique ou télégraphique de quelque nature que ce soit ne puisse être établie sur son territoire et que les installations de ce genre déjà établies lui soient remises sans délai contre paiement de justes indemnités.

ABOLITION DE LA JURIDICTION CONSULAIRE

Il est à peine nécessaire d'insister sur l'incompatibilité de la juridiction consulaire avec l'exercice de la souveraineté territoriale. Il suffit de dire que la juridiction consulaire en Chine n'est basée actuellement et n'était basée à l'origine sur aucun principe de droit international, mais qu'elle est une pure création des traités. Parmi les stipulations conventionnelles qui établirent la juridiction consulaire nous citerons l'art. 13 du traité Sino-Britannique de 1843 remplacé par les art. 15, 16 et 17 du traité Sino-Britannique de Tientsin de 1858 (voir appendice 1), les art. 21 et 25 du traité Sino-Américain de 1844 (voir appendice 2), et les art. 25, 27 et 28 du traité Sino-Français de la même année (voir appendice 3). Les raisons invoquées pour justifier l'introduction de ce régime en Chine étaient alors les différences fondamentales qui existaient entre les lois chinoises et étrangères et l'imperfection du mécanisme judiciaire chinois.

Que ce régime fût considéré comme un expédient temporaire, l'art. 12 du traité Sino-Britannique de 1902 le démontre, car il stipule que : « *la Chine ayant manifesté le vif désir de réformer son système judiciaire et de le mettre en harmonie avec celui des pays occidentaux, la Grande-Bretagne convient de lui prêter toute assistance dans cette réforme; elle se déclare en outre prête à renoncer à ses droits d'extra-territorialité lorsqu'elle sera assurée que l'état des lois chinoises, les mesures prises pour leur application et d'autres considérations le lui permettront* ». Des stipulations similaires se trouvent dans l'art. 15 du traité de commerce Sino-Américain de 1903 et dans l'art. 11 du traité de commerce Sino-Japonais de la même année.

Comme conséquence de cette promesse formelle et explicite donnée par différentes puissances amies, la première question à laquelle il faut répondre est celle-ci : l'état des lois chinoises et les mesures prises en vue de leur application ont-ils atteint un degré d'avancement suffisant pour donner satisfaction à ces puissances ainsi qu'aux autres gouvernements qui ont des traités avec la Chine, et offrent-ils assez de garanties pour justifier l'abandon des droits d'extra-territorialité ?

Sans prétendre que les lois chinoises et leur application aient atteint un degré de perfection égal à celui qui a été réalisé par les nations les plus avancées, nous croyons cependant pouvoir affirmer sans crainte d'être démentis que la Chine a fait en matière juridique et spécialement dans l'administration judiciaire des progrès fort considérables depuis la conclusion des traités commerciaux mentionnés plus haut. Qu'il nous soit permis d'en donner quelques exemples :

1º La Chine, par sa Constitution nationale, a tout d'abord consacré le principe de la séparation des pouvoirs, garanti à tous les citoyens le respect de leur liberté individuelle et la sécurité de leurs biens, et assuré aux magistrats de l'ordre judiciaire une indépendance complète et une protection pleine et entière, les mettant à l'abri, dans l'accomplissement de leurs fonctions, de toutes immixtions des pouvoirs législatif ou exécutif (voir appendice 4).

2º Elle a préparé cinq codes, savoir : code pénal, code civil, code de commerce et codes de procédure civile et criminelle. Le code pénal et certains chapitres des codes de procédure sont déjà provisoirement en vigueur. D'autres lois ont été régulièrement promulguées, telles que la loi d'organisation judiciaire, le règlement provisoire des cours supérieures et inférieures, l'ordonnance sur les sociétés commerciales, le règlement pour les cours d'arbitrage en matière commerciale, etc. (voir appendices 5, 6, 7, 8 et 9). Ces différents codes et lois sont inspirés de ceux des nations les plus avancées, et ont été adaptés aux besoins particuliers de la Chine.

3º Trois ordres de nouvelles cours ont été établis : les cours de district, les hautes cours ou cours d'appel et le Taléyuan ou Cour Suprême, qui a son siège à Pékin. A côté d'elles fonctionne un ministère public divisé en trois échelons correspondant aux trois catégories de cours (voir app. 10).

4º Parmi les améliorations dans le domaine de la procédure, on peut citer la distinction complète entre les affaires civiles et les affaires pénales, la publicité de toutes les audiences et de tous les jugements rendus. Les tribunaux répressifs jugent d'après les preuves matérielles aussi bien que d'après les témoignages oraux, et le recours à des châtiments corporels pour arracher des aveux a été aboli depuis longtemps. Les accusés et les parties peuvent se faire assister d'avocats, mais nul n'est autorisé à pratiquer en cette qualité à moins d'avoir subi des examens réguliers ou de remplir certaines conditions équivalentes.

5º Les magistrats de toutes les cours, supérieures ou inférieures, ont reçu une instruction juridique régulière, et un grand nombre d'entre eux ont fait leurs études dans des universités étrangères.

6º Le système pénitentiaire et l'organisation de la police ont été réformés et améliorés et le succès de ces réformes est incontestable (voir app. 11, 12, 13, 14, 15 et 16).

Etant donnés les résultats satisfaisants déjà obtenus et les progrès qui s'accomplissent chaque jour dans le domaine législatif et judiciaire, les motifs invoqués pour l'introduction en Chine du système des juridictions consulaires ont cessé d'exister et le moment n'est pas fort éloigné où les conditions prévues par les traités de 1902-1903 se trouveront réalisées.

Le maintien de ces juridictions apparaîtra comme encore moins justifié si l'on envisage les vices sérieux de leur fonctionnement :

1° Premièrement nous constatons un vice dû à la diversité des lois applicables. D'après les règles en vigueur le tribunal consulaire compétent est celui dont relève le défendeur ou l'accusé à raison de sa nationalité : les actions intentées contre les Anglais doivent être portées devant les cours britanniques, celles contre les Français devant les cours françaises, celles contre les Américains devant les cours américaines, etc. Les faits considérés comme constituant une infraction ou donnant une action en justice d'après la législation qu'applique une cour consulaire n'ont pas toujours ces caractères s'ils sont soumis à une autre cour. C'est pourquoi des solutions différentes interviennent alors que les faits sont identiques et cette inégalité de traitement blesse le sentiment de justice et d'équité.

2° Le second vice provient de l'absence d'action du tribunal sur les témoins ou les demandeurs ayant une nationalité différente de la sienne. Lorsque la déposition d'un témoin étranger d'une nationalité différente de celle du défendeur est requise, la cour est réduite, pour sa comparution, à s'en remettre à sa bonne volonté, et si, après avoir volontairement comparu, il refuse de répondre aux questions qui lui sont posées, il ne peut être condamné à l'amende ou contraint par corps d'obtempérer aux ordres de la justice (contempt of court) ; il ne peut davantage être puni en cas de faux témoignage. De même un demandeur étranger ne peut être condamné par le tribunal en cas de faux serment ou de refus d'obtempérer. De ce défaut d'action sur un demandeur étranger découle un autre inconvénient important : si le défendeur n'a aucun moyen de défense mais est en situation de formuler une demande reconventionnelle, le tribunal ne peut en connaître quelque évident que soit le bien-fondé de la demande.

3° Le troisième vice provient de la difficulté d'obtenir des preuves quand l'étranger commet un crime à l'intérieur du pays. D'après les traités, si un étranger voyageant à l'intérieur se rend coupable d'une infraction à la loi, *« il doit être remis au Consul le plus proche pour être puni, mais, sauf les restrictions nécessaires, ne doit pas être maltraité »*. *« Ceci exprimé en langage ordinaire »*, disait un ministre des Etats-Unis, M. Reed, *« signifie que l'étranger qui commet un rapt ou un meurtre à mille milles de la côte, doit être poliment reconduit et remis à un Consul, pour être jugé à un endroit nécessairement éloigné et où les témoignages pourront être difficilement obtenus ou contrôlés »*.

4° Le quatrième vice est dû à la réunion dans les mêmes mains des fonctions consulaires et judiciaires qui sont contradictoires. Le premier devoir du Consul est de veiller aux intérêts de ses nationaux. Il est, par suite, peu conséquent d'ajouter à cette fonction celle de rendre la justice, quand une plainte est portée contre un de ses nationaux ; le devoir de protéger certaines personnes et l'administration d'une justice impartiale entre ces personnes et d'autres sont inconciliables. Pareille pratique est évidemment contraire au principe moderne de la séparation des fonctions administratives et judiciaires.

Sans parler d'autres raisons, les vices inhérents au système des juridictions consulaires suffiraient à justifier son abolition. Aussi a-t-il une tendance à disparaître tôt ou tard de partout. Il a été complètement aboli au Japon en 1899 comme conséquence de traités conclus successivement avec les diverses puissances intéressées, à la suite de la codification du droit civil, commercial et pénal et de la promulgation de lois instituant une organisation judiciaire nouvelle. Au Siam, la réorganisation des tribunaux locaux a amené la Grande-Bretagne et la France, ainsi que d'autres puissances, à consentir à une remise partielle du droit de juridiction aux autorités territoriales et à l'extension future de leur compétence après l'accomplissement de certaines réformes déterminées.

C'est pourquoi la Chine demande que le régime disparaisse de chez elle à l'expiration d'un délai déterminé après que les deux conditions suivantes auront été remplies :

1º Promulgation des codes criminel, civil et de commerce et des codes de procédure civile et criminelle ;

2º Etablissement de cours nouvelles dans tous les districts qui formaient autrefois les chefs-lieux des anciennes préfectures, c'est-à-dire, en fait, dans toutes les localités où résident des étrangers.

La Chine s'engage à réaliser avant la fin de l'année 1924 les deux conditions ci-dessus. Elle demande, d'autre part, que les puissances ayant des traités avec elle prennent, de leur côté, l'engagement de renoncer, immédiatement après la réalisation de ces conditions, à leurs juridictions consulaires et au droit de juridiction de leurs tribunaux spéciaux (si elles en ont) en Chine.

En attendant l'abolition définitive des juridictions consulaires, la Chine demande en outre aux puissances de donner dès maintenant leur consentement :

a) A ce que toutes les affaires mixtes, civiles ou criminelles où le défendeur ou l'accusé est un ressortissant chinois, soient examinées et jugées par les cours chinoises sans la présence ou l'intervention dans la procédure et le jugement d'agents ou représentants consulaires;

b) A ce que les mandats et jugements dûment rendus par les cours chinoises soient exécutoires dans les concessions et dans l'enceinte de tout bâtiment appartenant à un étranger, sans examen préalable par une autorité consulaire ou judiciaire étrangère.

La Chine ne serait pas seule à bénéficier de la suppression des juridictions consulaires :

Les puissances à traités, par l'institution d'une juridiction unique, verraient, elles aussi, disparaître les inconvénients qui se révèlent dans les contestations entre étrangers de nationalité différente, inconvénients qui sont de même nature que ceux qui se présentent dans les affaires entre Chinois et étrangers.

De plus, le peuple chinois tout entier apprécierait cette bonne volonté des puissances qui donnerait satisfaction à son ardent désir de voir disparaître toutes les inégalités d'ordre judiciaire qui existent actuellement sur le sol chinois entre nationaux et étrangers. Grâce à l'application plus générale des lois du pays par des tribunaux nationaux, l'administration deviendrait plus efficace, et c'est la population elle-même qui pousserait le Gouvernement à ouvrir le pays tout entier au commerce et à la résidence des étrangers.

L'abolition de la juridiction consulaire aurait dès lors pour conséquence finale le développement du commerce international qui constitue le vœu commun de la Chine et des puissances.

ABANDON DES TERRITOIRES CÉDÉS A BAIL

L'existence en Chine de territoires cédés à bail, qui met en péril l'intégrité territoriale de la République, est due, en premier lieu, aux agressions de l'Allemagne qui, en occupant de force une partie du Shantung, contraignit le Gouvernement Chinois à lui céder à bail, pour une période de 99 ans, dans cette province, la baie de Kiaochow, le plus beau port de la côte chinoise.

En novembre 1897, deux missionnaires catholiques allemands furent assassinés à l'intérieur du Shantung. Une escadre allemande occupa immédiatement Kiaochow et les Allemands exigèrent des réparations. Les meurtriers furent exécutés, certains fonctionnaires chinois furent punis pour leur négligence, une indemnité fut payée et deux chapelles expiatoires furent érigées. Même si l'on se montre exigeant, la satisfaction accordée à l'Allemagne pouvait paraître ample et définitive. Malgré cette réparation complète l'incident ne fut pourtant pas clos. L'affaire était à peine réglée, que le ministre d'Allemagne à Pékin, le baron Von Heyking, saisit le Gouvernement Chinois d'une demande de cession à bail de la Baie de Kiaochow. Pour appuyer cette demande, une escadre allemand. sous le commandement du frère de l'Empereur, le prince Henri de Prusse, fut envoyée dans les eaux chinoises. Au banquet d'adieu, l'Empereur avait enjoint au prince d'être prêt à « *frapper avec le poing ganté de fer* ».

En présence de cette situation, la Chine se vit contrainte d'accorder ce qui lui était demandé, et, le 6 mars 1898, elle signa une convention qui donnait à bail à l'Allemagne pour une durée de quatre-vingt-dix-neuf ans les deux rives de l'entrée de la Baie de Kiaochow ainsi qu'un certain nombre d'iles, avec le droit de construire des fortifications, et qui créait autour de la Baie une zone de 50 kilomètres (33 milles), où les troupes allemandes auraient le droit de passer en tout temps. Par la même convention, l'Allemagne obtenait le droit de construire certains chemins de fer traversant la province, de prospecter et d'exploiter les mines sises dans les dix milles le long des chemins de fer, ainsi qu'un droit de préférence pour les sujets allemands, le matériel allemand et le capital allemand au cas où l'assistance étrangère serait nécessaire dans cette province qui est plus grande que l'Angleterre et le pays de Galles.

L'Allemagne ayant ainsi obtenu sur la côte chinoise un avant-poste fortifié, la Russie, invoquant le principe de l'équilibre des puissances, réclama du Gouvernement Chinois, le jour même de la conclusion de la convention de Kiaochow, la cession à bail de Port-Arthur, de Talienwan et des iles adjacentes, sous prétexte d'assurer à sa flotte une *base sûre*. Elle demandait en outre le privilège de relier Port-Arthur et Talienwan par voie ferrée au chemin de fer Transmandchourien, dont la construction lui avait été concédée deux ans auparavant, et de faire garder cet embranchement par ses troupes. Elle exigeait une réponse favorable dans un délai donné.

Cédant encore une fois à la pression, le Gouvernement Chinois consentit, le 27 mars 1898, à donner à bail à la Russie Port-Arthur et Talienwan, pour une période de vingt-cinq ans, et, en même temps, accéda aux autres demandes russes.

Par le traité de Portsmouth, du 5 septembre 1905, qui mit fin à la guerre russo-japonaise, la Russie consentit à transférer au Japon, « *avec le consentement du Gouvernement de la Chine* », son droit de bail sur les deux ports et sur les eaux et territoires adjacents ainsi que les droits et privilèges découlant du droit de bail. La Chine donna son consentement après des négociations amicales, le 22 décembre 1905.

A la suite des cessions à bail de la Baie de Kiaochow à l'Allemagne et de Port-Arthur et Talienwan à la Russie, la France obtint de la Chine, le 22 avril 1898, la cession à bail pour 99 ans de Kwang-chouwan sur la côte de la province du Kwangtung ; la Grande-Bretagne de son côté obtint, le 9 juin 1898, la cession à bail pour 99 ans des environs de Kowloon et des eaux et territoires adjacents, près de Hongkong, et, le 1er juillet 1898, celle du port de Weihaiwei sur la côte du Shantung « *pour une période égale à celle pendant laquelle Port-Arthur resterait occupé par la Russie* ». La Grande-Bretagne ainsi que la France fondèrent leurs demandes de cession à bail sur la nécessité de sauvegarder le principe de l'équilibre des puissances en Extrême-Orient.

Alors que la portée et l'étendue du contrôle des puissances ayant un droit de bail sur les territoires ainsi cédés varient dans les différents cas, les droits de bail eux-mêmes, comme nous venons de le voir, sont tous limités à une période d'années déterminée.

Explicitement ou implicitement ils ne sont pas cessibles à une tierce puissance sans le consentement de la Chine. Bien que, pendant la durée du bail, comme dans le cas de la Baie de Kiaochow, l'exercice des droits d'administration sur les territoires cédés à bail soit abandonné par la Chine à la puissance ayant le droit de bail, la souveraineté de la Chine sur ces territoires est cependant réservée dans tous les cas. De plus, dans la plupart des conventions de cession à bail, il est stipulé que les navires de guerre chinois jouiront de droits égaux à ceux des navires de la puissance en possession du territoire, pour l'utilisation comme bases navales des ports cédés à bail. (D'après la convention de cession à bail de Kwangchouwan les navires de guerre chinois ne sont admis à ce mouillage qu'. *situation de neutralité seulement*.)

Par ce qui précède on voit que les territoires cédés à bail restent territoires chinois, bien que grevés de certaines restrictions en ce qui concerne l'exercice des droits d'administration par le souverain territorial. Ce sont des créations conventionnelles différant des cessions en fait et en droit.

Il n'y a plus de bonnes raisons pour maintenir ces cessions à bail. Non seulement elles ont été consenties par la Chine sous l'empire de la contrainte, tantôt réelle, tantôt virtuelle, mais encore elles ont été réclamées ouvertement en vue de créer un équilibre de forces non entre la Chine et d'autres nations, mais entre des Etats étrangers rivaux en quête de pouvoirs et d'avantages, à un moment où par suite de la mauvaise administration de la dynastie mandchoue l'intégrité de la Chine semblait courir les plus graves et les plus imminents dangers. Vingt ans se sont écoulés depuis lors et les conditions se sont complètement modifiées.

Avec l'élimination de la menace allemande nous avons vu disparaître un des éléments les plus susceptibles de troubler la paix en Extrême-Orient. La création à brève échéance d'une Ligue des Nations destinée à prévenir les guerres d'agression semble, d'autre part, rendre superflu le maintien de la théorie de l'équilibre des puissances en Extrême-Orient qui avait été le motif principal de leurs revendications et cette création devrait les inciter à renoncer à leur contrôle sur les territoires donnés à bail.

Le Gouvernement Chinois estime, enfin, que l'existence des territoires cédés à bail a grandement nui aux intérêts de la Chine. Situés comme ils le sont, à des points stratégiques importants, ces territoires ont non seulement entravé les travaux de défense nationale, et, constituant en Chine de véritables Etats dans l'Etat, menacé l'intégrité de son territoire, mais ont aussi, par suite de la variabilité des conflits d'intérêts entre les différentes puissances intéressées, impliqué plus d'une fois la Chine dans des difficultés qui auraient dû lui demeurer étrangères, surtout lorsque ces difficultés ont entraîné des hostilités effectives. De plus, quelques-uns de ces territoires cédés à bail sont utilisés soit pour dominer économiquement les vastes régions adjacentes, soit comme points d'appui pour développer des sphères d'intérêts au détriment du principe de la porte ouverte et de l'égalité de traitement pour le commerce et l'industrie de toutes les nations.

Le contrôle que l'étranger exerce ainsi sur les territoires cédés à bail perpétue une sorte de suzeraineté dont les conséquences préjudiciables s'accentuent de jour en jour. Le Gouvernement Chinois estime qu'il est de son devoir de demander la restitution complète de ces territoires. En faisant cette proposition, il donne l'assurance qu'il est prêt à exécuter les obligations qui lui incomberont, et dont il a conscience, soit en ce qui concerne la protection des droits des propriétaires, soit en ce qui concerne la bonne administration des districts dont le contrôle complet lui serait ainsi rendu.

RESTITUTION DES CONCESSIONS MUNICIPALES ÉTRANGÈRES

Le droit de résidence et de commerce en Chine a été pour la première fois expressément reconnu aux étrangers par le traité sino-britannique du 29 août 1842, dont l'article 2 permettait aux sujets anglais « *de résider afin de se livrer à leurs occupations commerciales sans molestation ni entrave, dans les cités et villes de Canton, Amoy, Fuchow-fu, Ningpo et Shanghaï.* »

Pour faciliter la jouissance de ce droit, le traité supplémentaire du 8 octobre 1843 stipulait, en son article 7, que « *l'autorité locale, après s'être concertée avec le Consul, désignerait l'emplacement séparé... des terrains et habitations* ».

Conformément à ces stipulations, des quartiers séparés furent assignés dans les cinq ports à l'usage des sujets britanniques, les arrangements nécessaires ayant été faits par les autorités locales d'accord avec les consuls anglais.

Les citoyens et les sujets de plusieurs autres puissances acquirent par traité avec la Chine des droits analogues à ceux accordés aux sujets britanniques et, dans certains cas, on conclut des arrangements de même nature.

Depuis 1842, beaucoup de nouveaux ports ont été ajoutés à la liste des localités déjà ouvertes au commerce et à la résidence ; et dans plusieurs de ces localités des quartiers spéciaux ont été désignés pour la résidence et le commerce des citoyens et sujets étrangers.

Ces quartiers spéciaux dans les ports ouverts sont généralement connus sous le nom de *concessions*. Ces concessions ayant été accordées séparément aux différentes puissances en relations de traités avec la Chine, il peut y en avoir plusieurs dans un même port, comme par exemple à Tientsin et à Hankow. A Shanghaï, les concessions britannique et américaine ont été, en 1854, réunies en une seule, qui est appelée maintenant la Concession internationale. La concession française y constitue encore un quartier séparé.

Ces concessions qui restent territoire chinois et dans lesquelles les propriétaires fonciers étrangers sont obligés de payer comme les nationaux du pays une taxe foncière au Gouvernement Chinois, sont administrées soit par le Consul de l'Etat en faveur duquel la concession a été établie, soit par un Conseil Municipal élu par les contribuables étrangers qui y résident. Le Conseil ou le Consul, suivant le cas, administre les concessions, rend pour le maintien de l'ordre public, des ordonnances et des règlements obligatoires pour tous les résidents, prélève des taxes destinées aux besoins municipaux, décide de la construction des monuments publics et des routes, et dispose d'une police.

Bien que les ressortissants chinois constituent la majorité de la population de la plupart des concessions et supportent la plus grande part des taxes municipales, ils ne sont cependant pas représentés aux Conseils Municipaux, sauf dans la Concession Internationale de Kulangsoo, dont le Conseil Municipal comprend toujours un membre chinois nommé par les autorités locales chinoises. Dans la Concession Internationale de Shanghaï, les résidents chinois qui forment plus de 95 % de la population, sont autorisés seulement à avoir un Comité Consultatif de trois délégués, élus annuellement par les différentes corporations commerciales chinoises.

Les concessions sont en Chine des centres de commerce actifs qui ont joué un rôle important dans le développement du commerce extérieur du pays et qui ont contribué, dans une large mesure à la prospérité de la population chinoise. Mais par contre, leur formation a amené les autorités étrangères qui les administrent à prétendre à des pouvoirs et à une juridiction qui ont du coup porté atteinte à la souveraineté de la Chine et entravé son œuvre d'administration.

C'est ainsi que le droit de pleine juridiction de la Chine sur ceux de ses propres citoyens qui résident dans les concessions lui a été dénié. Les habitants chinois des concessions ne peuvent, par exemple, être arrêtés par les autorités chinoises qu'avec l'approbation du Consul de l'Etat en faveur duquel la concession a été accordée, ou, si c'est dans la Concession Internationale de Shanghaï, du doyen du Corps Consulaire ; et si le Chinois dont il s'agit, est attaché de quelque manière que ce soit à une maison de commerce ou à une famille étrangère, le consentement du Consul de l'Etat auquel cette maison ou cette famille appartient est aussi nécessaire. Si dans la Concession Internationale de Shanghaï un Chinois commet un crime contre un autre Chinois ou est actionné en justice par un autre Chinois, il doit être jugé, même si l'affaire n'implique aucun étranger ni aucun intérêt étranger, par la Cour Mixte, dans laquelle un assesseur étranger non seulement surveille la procédure, mais examine et juge virtuellement l'affaire. Si des Chinois se réfugient dans la concession pour échapper à la justice, les autorités chinoises ne peuvent les atteindre que si leurs mandats sont homologués par les autorités étrangères de la concession.

On dénie, en outre, aux troupes chinoises la faculté de passer à travers ces concessions, bien qu'elles fassent partie du territoire chinois, méconnaissant ainsi le droit de domaine éminent de la Chine.

Par ces revendications d'autorité et de pouvoir exclusif on fait virtuellement de chaque concession *un Etat dans l'Etat* au détriment des droits du souverain territorial.

Il n'est guère probable que les organisateurs primitifs du système aient prévu ni désiré pareil résultat. Dans les instructions qu'il adressait, le 8 avril 1863, à Sir Frederick Bruce, ministre de la Grande-Bretagne à Pékin, lord Russel, ministre des Affaires Étrangères de la Grande-Bretagne, déclarait :

« Les terrains situés dans les limites de la concession britannique sont, sans nul doute, territoire chinois, et on ne saurait raisonnablement prétendre que le simple fait d'y résider puisse dispenser les sujets chinois d'exécuter leurs obligations naturelles. »

Plus tard, dans la même année, les représentants étrangers à Pékin se réunirent en conférence et convinrent de certains principes sur lesquels la réorganisation de la concession étrangère de Shanghaï devait être et était encore tout récemment basée. Ces principes sont les suivants :

1. Quelle que soit l'autorité territoriale établie, elle doit émaner directement du Gouvernement Impérial par l'intermédiaire des Ministres chinois.

2. Cette autorité sera limitée aux affaires purement municipales, routes, police et taxes pour les besoins municipaux.

3. Les Chinois qui ne sont pas au service d'étrangers demeureront, comme dans la ville chinoise, sous l'autorité complète des fonctionnaires chinois.

4. Chaque Consul continuera à administrer ses nationaux : l'autorité municipale se bornera à mettre en état d'arrestation ceux qui se rendront coupables de délits contre la tranquillité publique ; elle en assurera la remise et les poursuivra devant leurs autorités respectives, chinoises ou autres, suivant le cas.

5. Il y aura dans l'organisation municipale un élément chinois qui sera consulté et dont l'assentiment sera requis pour toutes mesures affectant les résidents chinois.

L'existence des concessions étrangères soulève aussi périodiquement la question de leur extension. Comme la population des concessions s'accroît en nombre et que son développement nécessite plus de place, des demandes d'extensions sont adressées au Gouvernement Chinois. En présence, d'une part, du fait que les Consuls étrangers et les Conseils Municipaux revendiquent et s'attribuent de larges pouvoirs souverains, et, d'autre part, de l'opposition des Chinois qui résident sur les territoires demandés à titre d'extensions, il est naturel que le Gouvernement Chinois hésite à faire droit à de pareilles requêtes. Il est rare, cependant, que les retards ou refus soient accueillis favorablement et, le plus souvent, on en tire argument pour protester avec acrimonie.

Outre qu'elle tend à nuire aux relations amicales entre la Chine et la puissance qui en fait la demande, la question des extensions des concessions engendre souvent des controverses entre puissances étrangères elles-mêmes. Il n'est pas rare qu'une demande d'extension présentée par une puissance en incite une autre à faire une requête analogue, et quand les deux requérants ont des intérêts opposés, ainsi qu'il est arrivé dans plus d'un cas, la cordialité des relations entre ces puissances en est affectée.

Notez, au surplus, que si dans les concessions plus récentes l'exercice des pouvoirs municipaux est concédé par traités, il n'en était pas de même dans les concessions antérieures de terrains affectés au commerce et à la résidence des étrangers. Celles-ci étaient, à l'origine, basées sur des règlements connus sous le nom de Règlements Fonciers et établis d'un commun accord par les autorités chinoises et les consuls étrangers.

Cependant dans l'un comme dans l'autre cas, aucune raison ne justifie plus le maintien de ces municipalités indépendantes. A l'époque où le pays était pour la première fois ouvert aux étrangers, la population n'était pas habituée à leur contact et, pour cette raison, on trouvait opportun d'assigner des districts séparés aux commerçants étrangers. Comme, d'autre part, ces districts étaient des portions inorganisées des villes chinoises, il était désirable d'y établir une sorte de gouvernement local pour garantir dans les communautés étrangères le maintien de l'ordre et des bonnes mœurs. Ces arrangements permettaient aux autorités chinoises de prévenir les difficultés entre sujets chinois et étrangers, tandis que les consuls se trouvaient en meilleure posture pour exercer sur leurs nationaux la protection et le contrôle prévus par les traités.

La nécessité d'assigner aux étrangers une résidence séparée n'existe plus aujourd'hui comme il appert clairement du fait que dans des ports à traités tels que Nanking et Changsha où aucune concession étrangère n'existe, les Chinois et les étrangers vivent ensemble en paix et amitié. Cela est vrai même pour les concessions existantes où un grand nombre de Chinois et d'étrangers résident ensemble sans frictions.

D'autre part, la Chine, au cours de ces dernières années a fait beaucoup de progrès dans l'organisation municipale et se sent prête à assumer les responsabilités d'administration effective qu'impliquera nécessairement la restitution des concessions étrangères. Non seulement l'administration de grandes villes comme Pékin a été modernisée et dirigée à la satisfaction des résidents chinois et étrangers, mais dans les concessions allemandes et austro-hongroise de Tientsin et de Hankow, que le Gouvernement Chinois a prises en charge à la suite de sa déclaration de guerre aux Puissances Centrales en 1917, aucune critique sérieuse n'a été présentée contre l'administration chinoise.

Le maintien du système des concessions ne semble pas plus essentiel pour la jouissance du droit de faire le commerce. Dans les deux dernières décades, la Chine a poursuivi avec fermeté une politique d'encouragement au commerce et aux relations avec l'étranger. Non seulement elle a consenti par traité à ajouter une quantité de villes à la liste des ports à traités, mais elle a ouvert de sa propre initiative au commerce étranger de nombreuses localités à l'intérieur du pays. Dans ces localités ouvertes spontanément par la Chine, telles que Chinanfu par exemple, les étrangers doivent observer sur le même pied que les Chinois les règlements chinois municipaux et de police, et cette exigence ne les a pas découragés puisqu'ils affluent régulièrement vers ces localités, qui, bien que tout récemment ouvertes au commerce, deviennent rapidement des centres d'affaires prospères.

Vu les considérations qui précèdent, le Gouvernement Chinois exprime son vif désir de voir toutes les concessions étrangères lui faire retour. Il demande aux Gouvernements des puissances qui ont encore des concessions en Chine, de consentir à ce retour. Il est prêt à entrer en négociations à cet effet, et à conclure tels arrangements qui pourraient être nécessaires en vue d'effectuer l'incorporation et d'assurer et sauvegarder le droit de prendre à bail des terrains dans les ports à traités en général.

Tenant compte des intérêts étrangers considérables, qui existent dans les concessions et désireux de leur éviter toute cause d'inquiétude, le Gouvernement Chinois est tout disposé à consentir à ce que le retour, lorsqu'il aura été décidé par les puissances intéressées, ne soit effectué qu'à la fin de l'année 1924.

Le Gouvernement Chinois désirerait, d'autre part, qu'en attendant la restitution finale, on introduisit certaines modifications dans les règlements des concessions étrangères, principalement dans le but d'y assurer aux résidents chinois un traitement plus juste et de préparer la voie au retour définitif. Ces modifications, qui n'affecteraient en aucune manière les privilèges dont jouissent les citoyens ou les sujets des puissances ayant un traité avec la Chine, sont :

1. Que les citoyens chinois aient dans toutes les concessions le droit de posséder des terrains dans les mêmes conditions que les étrangers.

2. Que les citoyens chinois résidant dans les concessions aient le droit de voter aux élections des membres des Conseils Municipaux et d'être éligibles à ces Conseils.

3. Que les mandats décernés et les jugements rendus en dehors des concessions par les Tribunaux chinois compétents soient exécutoires dans les concessions, sans être sujets à une revision quelconque de la part des autorités étrangères.

4. Que dans aucune concession étrangère, un assesseur étranger ne soit autorisé à prendre part aux débats ou au jugement des affaires qui concernent uniquement des sujets chinois.

AUTONOMIE EN MATIÈRE DE TARIF DOUANIER

Le régime douanier actuel de la Chine remonte au traité de Nankin signé en 1842 avec la Grande-Bretagne. Les taxes sur les marchandises importées ont été fixées par le traité supplémentaire de 1843 et consistaient en des droits spécifiques calculés pour la plupart sur la base de 5 % de la valeur courante ; dans certains cas cependant le droit s'élevait jusqu'à 10 %. Ce tarif fut concédé aux autres puissances lorsqu'elles nouèrent à leur tour des relations conventionnelles avec la Chine. Lors des traités conclus en 1858 avec la Grande-Bretagne, la France et d'autres États, une revision de ce tarif fut entreprise et le taux de 5 % *ad valorem* fut appliqué pour la première fois à toutes les marchandises. Ces traités contenaient des clauses de revision périodique, qui furent reproduites dans toutes les conventions commerciales passées ultérieurement avec les autres puissances. Cependant, pour une raison ou une autre, il n'y eut que deux revisions effectuées depuis 1858, l'une en 1902, l'autre en 1918. Dans ces deux cas, l'estimation des valeurs en douane seule fut révisée, le tarif restant fixé à 5 % *ad valorem*.

Ce tarif n'est pas seulement injuste en ce qu'il frappe au même taux les articles de première nécessité et les articles de luxe, système préjudiciable à la fois aux finances et à l'industrie chinoises, mais il prête à d'autres critiques, qui suffiraient à justifier sa revision. Voici, brièvement exposées, quelles sont ces critiques :

1º *Défaut de réciprocité.* — La Chine, en vertu de ces traités et de par la clause de la nation la plus favorisée, a concédé à toutes les puissances son tarif conventionnel. La clause de la nation la plus favorisée permet à toute puissance de réclamer le bénéfice de tous droits ou privilèges accordés à une autre puissance, mais la Chine ne reçoit en retour aucun traitement réciproque. Chacun des États qui ont un traité avec la Chine profite du tarif chinois de 5 % ; mais, par contre, les marchandises chinoises, lorsqu'elles entrent dans les ports de ces États, n'ont droit à aucune réduction correspondante. Ce défaut de réciprocité est contraire à la coutume internationale suivant laquelle les concessions en matière douanière sont toujours accordées à titre réciproque et contre des avantages équivalents.

2º *Défaut de différenciation.* — Depuis l'abandon du principe de différenciation en 1858, toutes les marchandises, depuis les articles de luxe jusqu'aux articles de nécessité et aux matières premières sont taxés exactement au même taux. Le tableau suivant montre combien le système chinois diffère à ce point de vue de la pratique suivie dans les autres pays.

Droits d'importation levés en 1913 sur les articles de luxe.

	Tabac (par livre)	Spiritueux (par gallon)
Grande-Bretagne ..	£0. 8.6	£0.15. 2
Etats-Unis.........	25 % et 0.18.9	0.10.10
France............	1. 7.2 ½	0. 2. 6 ½
Italie............	0.12.8 ½	0. 2. 9
Japon............	335 %	0.10. 2
Chine	5 %	0. 0. 4

Les chiffres reproduits dans ces tableaux se passent de commentaires.

L'insuffisance de recettes qui résulte du taux si bas du tarif conventionnel oblige à taxer à l'importation des marchandises qui devaient être admises en franchise de droits. Le tableau ci-dessous fait ressortir le pourcentage des marchandises admises en franchise en Chine et dans d'autres pays en 1913 (1).

Chine......................	6.5 %
Japon.....................	49.5 %
France....................	50.0 %
Etats-Unis................	54.5 %
Angleterre................	90.7 %

La comparaison suivante démontre combien ce tarif uniforme est peu approprié aux conditions actuelles :

Nombre d'articles énumérés dans les tarifs revisés.		Valeur importée dans la période correspondante. (Opium non compris.)	
En 1858......	138 articles.	Environ 30 millions de taëls.	
En 1902......	332 —	— 280	—
En 1918......	598 —	— 545	—

Donc, au cours des soixante dernières années, bien que le nombre des articles du tarif ait plus que quadruplé et que la valeur des importations ait augmenté dans la proportion de 1 à 18, le principe du tarif uniforme de 5 % n'a pas varié. En 1858, la Chine a consenti à ce taux uniforme parce que son commerce extérieur était comparativement peu important ; depuis lors, ce commerce s'est considérablement accru. La Chine trouve aujourd'hui non seulement que la répartition des charges est excessivement injuste, mais que son économie nationale est sérieusement affectée par un système qui n'encourage ni l'importation des matières premières ni celle des machines et qui favorise l'augmentation anormale des importations d'objets de luxe.

(1) On a choisi l'année 1913 comme étant la dernière année normale avant la guerre.

3° *Insuffisance de rendement.* — Le tarif conventionnel de 5 % *ad valorem* est déjà moins élevé que les tarifs des autres pays. Mais ce taux même est purement nominal, car la revision périodique stipulée dans les traités n'a jamais été faite au moment opportun, et, chaque fois qu'elle a été effectuée, la base d'évaluation adoptée a toujours été inférieure à la valeur réelle de l'époque : par exemple, on a pris pour base lors de la revision de 1902 la moyenne des prix de la période 1897-1899, et en 1918 celle de la période 1912-1916. Ainsi par suite de l'augmentation constante de la valeur des produits importés, les droits réels qui sont payés à n'importe quel moment donné, sont toujours inférieurs à ce qu'ils devraient être d'après les prix courants. C'est ainsi que la Chine sur 280 millions de taëls de recettes budgétaires ordinaires, ne perçoit à titre de droits d'importation que 18 millions de taëls, soit moins de 7 %! Le Gouvernement Chinois est par conséquent forcé de se procurer des ressources par d'autres moyens et beaucoup de taxes reconnues comme mauvaises ont dû être maintenues. Par exemple le droit de transit intérieur, connu sous le nom de taxe de *likin* et les taxes similaires, sont universellement condamnés par les Chinois autant que par les étrangers, mais comme ils procurent au Gouvernement un revenu de 40 millions de taëls, celui-ci ne peut s'en passer.

4° *Défaut de revision véritable.* — Le tarif de 5 % établi en 1858 n'a jamais subi depuis lors de revision véritable ; les soi-disantes revisions de 1902 et de 1918 étaient de simples réestimations des valeurs qui servent de base au calcul et au prélèvement des droits spécifiques. Ainsi, depuis plus d'un demi-siècle, le taux du tarif chinois n'a subi aucune modification.

Les vices du *likin* ont été depuis longtemps reconnus par les puissances elles-mêmes. Ainsi dans les traités de commerce conclus avec la Grande-Bretagne, les Etats-Unis et le Japon en 1902-1903, les parties contractantes ont convenu que le tarif serait porté de 5 % à 12 1/2 % au cas où la Chine abolirait le *likin*, mais cette réforme ne peut être réalisée que lorsque *toutes* les puissances à traités *auront notifié leur acceptation de ces engagements.* Cette dernière condition fait que le traité est demeuré lettre morte, l'unanimité de tant de puissances étant à peu près impossible à obtenir. Il est donc incontestable qu'en matière de tarif la Chine ne jouit pas des mêmes droits que ceux accordés pratiquement à toutes les nations.

Pour se conformer au but et à l'objet de la Ligue des Nations le Gouvernement Chinois sollicite instamment des puissances la reconnaissance du droit de la Chine de reviser ses conventions douanières. Le Gouvernement Chinois considère la réunion de la Conférence de la Paix comme une occasion unique parce que cette revision exige le consentement de toutes les puissances à traités et que ce consentement est pratiquement impossible à obtenir dans les conditions ordinaires.

Ce que le Gouvernement Chinois désire voir la Conférence accepter en principe, c'est que le tarif actuel soit dans deux ans d'ici, remplacé par le tarif général applicable au commerce des puissances sans traités avec la Chine. Mais en attendant la Chine serait désireuse de négocier avec les puissances qui ont avec elle des traités, en vue de fixer de nouveaux taux conventionnels pour les articles qui les intéressent spécialement, dans les conditions suivantes :

1° Tout traitement favorable devra être réciproque ;

2° Une différenciation devra être établie de sorte que les objets de luxe paient proportionnellement plus et les matières premières moins que les articles de nécessité ;

3° La base du nouveau taux conventionnel pour les articles de nécessité ne doit pas être inférieure à 12 1/2 % afin de couvrir la perte de revenus résultant de l'abolition du *likin* ainsi qu'il est stipulé dans les traités de commerce de 1902-1903 ;

4° A la fin d'une période déterminée à fixer par les nouveaux traités, la Chine doit avoir la liberté non seulement de reviser les bases d'évaluation mais aussi le taux même des droits.

En retour de ces concessions, la Chine est prête à abolir la taxe si critiquée du *likin* de manière à supprimer une fois pour toutes tout ce qui tend à entraver le développement du commerce.

Le but du Gouvernement Chinois n'est ni d'adopter un système de tarif protecteur ni de surtaxer le commerce ; il demande la revision du tarif actuel parce qu'il est injuste, qu'il n'est pas scientifique, qu'il est démodé et qu'il ne répond pas aux exigences économiques de la Chine. La balance du commerce, qui continue à être défavorable et l'augmentation constante de la dette nationale ont créé une sérieuse tension financière et économique qui ne peut être soulagée que par la consolidation du système de taxation et par des encouragements au commerce d'exportation, lequel, à son tour, profitera aux importateurs en augmentant la puissance d'achat de la population. Cette réforme est depuis longtemps en souffrance et, en présentant à la Conférence de la Paix la cause de la Chine, le Gouvernement Chinois est soutenu par le pays tout entier. La Chine espère que les puissances amies lui rendront les droits fiscaux dont jouissent toutes les nations indépendantes, de sorte que le peuple chinois puisse développer ses ressources naturelles, devenir un meilleur consommateur des produits du monde et contribuer pour sa part au progrès et à la civilisation de l'humanité.

CONCLUSION

En soumettant le présent mémoire à la Conférence de la Paix, le Gouvernement Chinois se rend bien compte que les questions dont il traite ne sont pas nées directement de la guerre mondiale — une guerre qui a valu à l'humanité des souffrances telles que l'histoire n'en avait jamais connues. Mais il a pleine conscience du but que se propose la Conférence lorsqu'elle cherche, après avoir conclu la paix avec l'ennemi, à fonder un nouvel ordre mondial sur les principes de justice, d'égalité et de respect de la souveraineté des peuples, buts qui ont été éloquemment exprimés dans le Pacte de la Ligue des Nations.

Ces questions doivent être résolues par la Conférence, car, si on les laisse en suspens, elles contiennent des germes de conflits futurs susceptibles de troubler de nouveau la paix du monde.

La Délégation Chinoise demande, en conséquence, à la Conférence de la Paix de les examiner et de les résoudre ainsi qu'il suit :

1º *Sphères d'influence et d'intérêts.* — On demande aux diverses puissances intéressées de déclarer, chacune en ce qui la concerne, qu'elles ne possèdent ni ne revendiquent aucune sphère d'influence ou d'intérêts en Chine, et qu'elles sont disposées à entreprendre la revision des traités, accords, notes ou contrats précédemment passés avec la Chine qui leur ont conféré ou peuvent être interprétés comme leur ayant conféré des avantages territoriaux réservés ou des droits de préférence tendant à créer des sphères d'influence ou d'intérêt au préjudice des droits souverains de la Chine.

2º *Troupes et forces de police étrangères.* — On demande que les troupes et forces de police étrangères qui se trouvent actuellement sur le territoire chinois sans justification légale soient immédiatement retirées, que les articles VII et IX du protocole du 7 septembre 1901 soient abrogés, et que les troupes et les gardes de légations stationnées en vertu de ces articles soient intégralement retirées dans l'année qui suivra la déclaration faite à cet effet par la Conférence.

3º *Bureaux de postes étrangers et stations radiotélégraphiques et télégraphiques étrangères.* — On demande que tous les bureaux de postes étrangers soient supprimés avant le 1er janvier 1921, qu'aucune installation radiotélégraphique ou télégraphique étrangère ne puisse désormais être établie sur le territoire de la Chine et que toutes les installations de ce genre actuellement existantes soient immédiatement remises au Gouvernement Chinois contre paiement de justes indemnités.

4° *Juridiction consulaire.* — On demande que sur l'engagement pris par la Chine de réaliser avant la fin de l'année 1924 la promulgation des cinq Codes et la création de nouveaux tribunaux dans tous les districts qui étaient autrefois chefs-lieux de divisions préfectorales, les puissances à traités promettent de faire abandon de leur juridiction consulaire ou de la juridiction de leurs cours spéciales pour celles qui en ont. On demande, en outre, qu'en attendant cette abolition les puissances conviennent :

1° Que toute affaire mixte, civile ou criminelle, où le défendeur ou accusé est un citoyen chinois, sera examinée et jugée par les tribunaux chinois sans qu'aucun fonctionnaire ou représentant consulaire soit présent ou intervienne à la procédure ni au jugement ;

2° Que les mandats et jugements régulièrement émis ou prononcés par les tribunaux chinois soient exécutoires dans les concessions et à l'intérieur des constructions appartenant à des étrangers, sans examen préalable par un fonctionnaire étranger de l'ordre consulaire ou judiciaire.

5° *Territoires cédés à bail.* — On demande que ces territoires soient restitués à la Chine, celle-ci prenant l'engagement d'assumer toutes les obligations qui lui incomberont équitablement pour la protection des droits des propriétaires fonciers et l'administration desdits territoires.

6° *Concessions municipales étrangères.* — On demande que les puissances intéressées consentent à ce que leurs concessions soient restituées à la Chine à la fin de l'année 1924. La Chine s'engage de son côté à protéger les droits des propriétaires fonciers des concessions. En attendant la restitution finale, on demande certaines modifications de l'organisation actuelle des concessions.

7° *Autonomie en matière de tarif de douanes.* — On demande qu'à l'expiration d'une période à fixer d'un commun accord, la Chine ait la liberté de déterminer elle-même son tarif de douanes, et que durant cette période elle ait la liberté de négocier avec les diverses puissances des conventions douanières basées sur la réciprocité, distinguant les articles de luxe des articles de nécessité commune, et fixant à 12 % *ad valorem* au minimum le tarif conventionnel sur les articles de nécessité. En attendant que ces conventions soient conclues, le tarif actuellement en vigueur serait remplacé à la fin de 1921 par le tarif général qui est appliqué au commerce des puissances sans traités. La Chine, d'autre part, s'engage à abolir le likin aussitôt que les nouvelles conventions seront conclues.

APPENDICES

AU MEMORANDUM SUR L'ABOLITION
DE LA JURIDICTION CONSULAIRE EN CHINE

APPENDICE I

(A) Traité Sino-Britannique, du 8 Octobre 1843.

(General Regulatious, under which the British Trade is to be conducted at the Five Ports of Canton, Amoy, Foochow, Ningpo and Shanghai.)

ART. 13. — Whenever a British subject has reason to complain of a Chinese, he must first proceed to the Consulate and state his grievance. The Consul will thereupon inquire into the merits of the case, and do his utmost to arrange it amicably. In like manner if a Chinese have reason to complain of a British subject, he shall no less listen to his complaint and endeavour to settle it in a friendly manner. If an English merchant have occasion to address the Chinese authorities, he shall send such address through the Consul, who will see that the language is becoming ; and if otherwise, will direct it to be changed, or will refuse to convey the address. If unfortunately any disputes take place of such a nature that the Consul cannot arrange them amicably, then he shall request the assistance of a Chinese officer that they may together examine into the merits of the case, and decide it equitably. Regarding the punishment of English criminals, the English Government will enact the laws necessary to attain that end, and the Consul will be empowered to put them in force ; and regarding the punishment of Chinese criminals, these will be tried and punished by their own laws, in the way provided for by the correspondance which took place at Nanking after the concluding of the peace.

(B) Traité Sino-Britannique de Tientsin, du 26 Juin 1858.

ARTICLE 1 (Second Paragraph). — The Supplementary Treaty and General Regulations of Trade having been amended and improved, the substance of their provisions having been incorporated in this Treaty, the said Supplementary Treaty and General Regulations of Trade are hereby abrogated.

ART. 15. — All questions in regard to rights, whether of property or person, arising between British subjects, shall be subject to the jurisdiction of the British authorities.

ART. 16. — Chinese subjects who may be guilty of any criminal act towards British subjects shall be arrested and punished by the Chinese authorities according to the Laws of China.

British subjects who may commit any crime in China shall be tried and punished by the Consul or other Public Functionary authorized thereto according to the Laws of Great Britain.

Justice shall be equitably and impartially administered on both sides.

Art. 17. — A British subject having reason to complain of a Chinese must proceed to the Consulate and state his grievance. The Consul will inquire into the merits of the cases, and do his utmost to arrange it amicably. In like manner, if a Chinese have reason to complain of a British subject, the Consul shall no less listen to his complaint, and endeavour to settle it in a friendly manner. If disputes take place of such a nature that the Consul cannot arrange them amicably, then he shall request the assistance of the Chinese authorities, that they may together examine into the merits of the case and decide it equitably.

APPENDICE II

Traité Sino-Américain de Wanghia, du 3 Juillet 1844.

Art. 21. — Subjects of China who may be guilty of any criminal act towards citizens of the United States shall be arrested and punished by the Chinese authorities according to the laws of China, and citizens of the United States who may commit any crime in China shall be subject to be tried and punished only by the Consul or other public functionary of the United States thereto authorised according to the laws of the United States ; and in order to the prevention of all controversy and disaffection, justice shall be equitably and impartially administered on both sides.

Art. 25. — All questions in regard to rights, whether of property or person arising between citizens of the United States in China shall be subject to the jurisdiction of and regulated by the authorities of their own Government ; and all controversies occurring in China between the citizens of the United States and the subjects of any other Government shall be regulated by the Treaties existing between the United States and such Governments respectively, without interference on the part of China.

APPENDICE III

Traité Sino-Français de Whampoa, du 24 Octobre 1844

ART. 25. — Lorsqu'un citoyen français aura quelque sujet de plainte ou quelque réclamation à formuler contre un Chinois, il devra d'abord exposer ses griefs au Consul, qui, après avoir examiné l'affaire, s'efforcera de l'arranger amiablement. De même, quand un Chinois aura à se plaindre d'un Français, le Consul écoutera sa réclamation avec intérêt et cherchera à ménager un arrangement amiable. Mais si, dans l'un ou l'autre cas, la chose était impossible, le Consul requerra l'assistance du fonctionnaire chinois compétent, et tous deux, après avoir examiné conjointement l'affaire, statueront suivant l'équité.

ART. 27. — Si, malheureusement, il s'élevait quelque rixe ou quelque querelle entre des Français et des Chinois, comme aussi dans le cas où, durant le cours d'une semblable querelle, un ou plusieurs individus seraient tués ou blessés, soit par des coups de feu, soit autrement, les Chinois seront arrêtés par l'autorité chinoise, qui se chargera de les faire examiner et punir s'il y a lieu, conformément aux lois du pays. Quant aux Français, ils seront arrêtés à la diligence du Consul et celui-ci prendra toutes les mesures nécessaires pour que les prévenus soient livrés à l'action régulière des lois françaises, dans la forme et suivant les dispositions qui seront ultérieurement déterminées par le Gouvernement français.

Il en sera de même en toute circonstance analogue et non prévue dans la présente Convention, le principe étant que, pour la répression des crimes et délits commis par eux dans les cinq ports, les Français seront constamment régis par la loi française.

ART. 28. — Les Français qui se trouveront dans l'un des cinq ports dépendront également, pour toutes les difficultés ou les contestations qui pourraient s'élever entre eux, de la juridiction française. En cas de différends survenus entre Français et étrangers, il est bien stipulé que l'autorité chinoise n'aura à s'en mêler en aucune manière. Elle n'aura pareillement à exercer aucune action sur les navires marchands français ; ceux-ci ne relèveront que de l'autorité française et du capitaine.

APPENDICE IV

Constitution provisoire de la République de Chine. Mars 1912

Art. 6. — Les citoyens jouissent des droits suivants :

1. La personne des citoyens, sauf dans les cas prévus par la loi, ne peut être appréhendée, incarcérée, jugée ou punie.

2. Le domicile des citoyens, sauf dans les cas prévus par la loi, ne peut être violé ou faire l'objet de perquisitions.

3. Les citoyens ont le droit de posséder en toute sûreté des biens et d'exercer une profession.

4. Les citoyens possèdent la liberté de parole, de presse et d'association.

5. Les citoyens ont droit au secret de la correspondance.

6. Les citoyens possèdent la liberté de résidence et de circulation.

7. Les citoyens possèdent la liberté religieuse.

Art. 48. — Les Tribunaux sont constitués par des magistrats nommés par le président et le ministre de la Justice.

L'organisation des Tribunaux et les conditions requises pour être juge seront déterminées par la loi.

Art. 49. — Les Tribunaux jugent les causes civiles et criminelles, mais les litiges administratifs ou qui naissent d'autres causes particulières sont réglés suivant des lois spéciales.

Art. 50. — Les audiences des Tribunaux sont publiques, mais celles présentant un danger pour la sécurité et l'ordre publics peuvent être tenues à huis clos.

Art. 51. — Les magistrats jugent en toute indépendance, sans intervention de fonctionnaires supérieurs.

Art. 52. — Les magistrats en exercice ne peuvent subir de réduction d'appointements ni être appelés à d'autres fonctions. Ils ne peuvent être privés de leurs charges que s'ils sont convaincus de crime ou d'infraction que la loi punit de la révocation.

APPENDICE X

A. Liste des Cours modernes déjà établies.

I. Le *Taliyuan* ou *Cour Suprême*, à Pékin.

II. *a) Hautes Cours ou Cours d'appel.* — Il y en a vingt-deux en tout et elles sont établies à Pékin et dans les différentes capitales des provinces, savoir :

Mukden, Tientsin, Kirin, Heilungkiang, Chinan, Kaifeng, Taiyuan, Nankin, Anking, Nanchang, Foochow, Hanchow, Wuchang, Changsha, Changan, Lanchow, Chentu, Canton, Kweilin, Yunnanfu et Kweiyang.

b) Sections de Cours d'appel. — Il y en a dix-huit en tout et elles sont établies dans les chefs-lieux situés à une grande distance des capitales provinciales :

Loyang, Louyang (dans la province du Honan).

Anyi, Tatung (dans la province du Shansi).

Chinkiang (dans la province du Kiangsu).

Fengyang (dans la province de Anhui).

Kinghsien (dans la province du Kiangsi).

Wenchow, Kinghua (dans la province du Chekiang).

Hsiangyang, Ichang (dans la province du Hupeh).

Nancheng (dans la province du Shensi).

Pingling (dans la province du Kansu).

Chunching, Yachow, Luchow, Langchung (dans la province du Szechuan).

Thenyuan, Pichi (dans la province du Kweichow).

III. *Cours de districts.* — Il y en a quarante-six en tout et elles sont établies dans les villes et localités importantes ainsi que dans les capitales provinciales, savoir :

Pekin.

Tientsin, Pacting (dans la province du Chili).

Mukden, Yingkou, Antung, Liaoyang, Kingchow, Tiehling, Taonan, Hailung, Liaoyuan (dans la province du Fengtien).

Kirin, Chanchun, Yenchih (dans la province du Kirin).

Heilungkiang (dans la province du Heilungkiang).

Chinan, Fusan (dans la province du Shantung).

Kaifeng (dans la province du Honan).

Taiyuan (dans la province du Shansi).

Nankin, Shanghai (dans la province du Kiangsu).

Anking, Wuhu (dans la province de Anhui).

Nanchang, Kuikiang (dans la province du Kiangsi).
Foochow, Amoy (dans la province du Fukien).
Hanchow, Ningpo, Wenchow, Kinghua (dans la province du Chekiang).
Wuchang, Hankow (dans la province du Hupeh).
Changsha, Changteh (dans la province du Hunan).
Changan (dans la province du Shensi).
Lanchow (dans la province du Kansu).
Chengtu, Chungcheng (dans la province du Szechuan).
Canton, Chenghai (dans la province du Kwangtung).
Kweiling (dans la province du Kwangsi).
Yunnanfu, Mengtse (dans la province du Yunnan).
Kweiyang (dans la province du Kweichow).

Beaucoup d'autres créations sont projetées et seront réalisées dans les cinq ans.

B. Ministère Public.

Pour éviter des répétitions inutiles, il suffit d'indiquer qu'il y a un Ministère public auprès de chaque Cour moderne. Ainsi, nous avons des *Procureurs généraux* à Pékin, des *Hauts Procureurs* auprès de chacune des Cours d'appel et des *Procureurs de district* dans chaque ville ou capitale provinciale ayant une cour de district.

Un Ministère public du grade correspondant sera établi auprès de chacune des Cours projetées à organiser dans les cinq ans.

APPENDICE XI

Liste des prisons modernes déjà établies.
(QUARANTE ET UNE EN TOUT)

1. Première prison à Pékin.
2. Deuxième prison à Pékin.
3. Prison de Tientsin (dans la province de Chihli).
4. Prison de Paoting (dans la province de Chihli).
5. Prison de Mukden (dans la province de Fengtien).
6. Prison de Yingkou (dans la province de Fengtien).

7. Prison de Liaoyang (dans la province de Fengtien).
8. Prison de Tiehling (dans la province de Fengtien).
9. Prison de Changtu (dans la province de Fengtien).
10. Prison de Sinming (dans la province de Fengtien).
11. Prison de Kirin (dans la province de Kirin).
12. Prison de Chanchun (dans la province de Kirin).
13. Prison de Heilungkiang (dans la province de Heilungkiang).
14. Prison de Chinan (province de Shantung).
15. Prison de Chefoo (dans la province de Shantung).
16. Prison de Kaifeng (dans la province de Honan).
17. Prison de Taiyuan (dans la province de Shansi).
18. Prison de Hotung (dans la province de Shansi).
19. Prison de Taikuo (dans la province de Shansi).
20. Prison de Nanking (dans la province de Kiangsu).
21. Prison de Shanghai (dans la province de Kiangsu).
22. Prison de Soochow (dans la province de Kiangsu).
23. Prison de Anking (dans la province de Anhui).
24. Prison de Nanchang (dans la province de Kiangsi).
25. Prison de Foochow (dans la province de Fukien).
26. Prison de Hanchow (dans la province de Chekiang).
27. Prison de Wuchang (dans la province de Hupeh).
28. Prison de Ichang (dans la province de Hupeh).
29. Prison de Changsha (dans la province de Hunan).
30. Prison de Chang-an (dans la province de Shensi).
31. Prison de Nancheng (dans la province de Shensi).
32. Prison de Lanchow (dans la province de Kansu).
33. Prison de Chengtu (dans la province de Szechuan).
34. Prison de Canton (dans la province de Kwangtung).
35. Prison de Kweiling (dans la province de Kwangsi).
36. Prison de Yunnan-fu (dans la province de Yunnan).
37. Prison de Kweiyang (dans la province de Kweichow).
38. Première prison de Kingchao (dans le district de Kingshao).
39. Deuxième prison de Kingchao (dans le district de Kingchao).
40. Prison de Chengteh (dans le district de Yehol.
41. Prison de Suiyuang (dans le district de Suiyuang).

Beaucoup d'autres créations sont projetées et seront réalisées dans les cinq ans.

Imprimerie de Vaugirard
H.-L. MOTTI, dir.,
12-14, impasse Ronsin,
—— PARIS ——